Walter Lübeck & Ingrid Horstmann

Der Weg zum glücklichen Leben

verlag kleine schritte

ISBN 3-923261-58-6
Auflage: 5. 4. 3. 2. 1.
© und Gesamtproduktion im Jahre 001 000 99 98 97
bei

verlag kleine schritte

Ursula Dahm & Co., Postfach 3903, D - 54229 Trier

Gedruckt auf chlorfrei gebleichtem und säurebeständigem Papier.

Walter Lübeck
Ingrid Horstmann

Der Weg zum glücklichen Leben

Zur Einführung

Wir möchten Sie einladen, mit uns zu kommen in einen Teil der Welt, der – kaum betreten Sie einen Fußbreit seines Bodens – Sie in gleichem Maße bestürzt, betäubt und mit fröhlicher Gelassenheit erfüllt: Südostasien.

Ein Zauber waltet hier und läßt Sie abstreifen, was Sie an Unrast und Unruhe vom Westen mitgebracht haben. Er hüllt Sie ein in einen Mantel, der ein wenig nach Mottenpulver riecht, nach Erhabenheit und Fröhlichkeit duftet.

Hier ist die Tradition des natürlich Menschlichen noch spürbar und wir möchten sie allen nahebringen, die auf der Suche nach einem besseren Leben sind. Dem Sinn ihres Weges. Wo Menschen gehen, läßt sich schnell eine Hinwendung zum Technischen, eine Abkehr von den gewachsenen Strukturen feststellen. Doch diese Abkehr und ihre Auswirkungen werden immer mehr in Frage gestellt von denjenigen, die an echter Lebensqualität interessiert sind. Ihnen sind Besitz und Status weniger wichtig, als das Glück, das Menschen miteinander füreinander zu schaffen vermögen.

Es liegt uns am Herzen, den Reichtum der – noch – heilen Welt des ländlichen Südostasien für die hier im Westen lebenden zu erschließen. Nicht als wehmütige Botschaft von weit entferntem, langsam schwindenden Glück, sondern als Aufruf und Anleitung zur Umkehr. Wer wirklich will, kann hier und jetzt umkehren und damit beginnen, sein Leben mit Werten zu bereichern, die ihn nachhaltig mit Zufriedenheit erfüllen. So unterstützt er auch andere, die er berührt, in ihrem Streben nach ganzheitlicher Heilung und Erfüllung. Es ist an der Zeit, sich zu dem zu bekennen, was tief in der Seele an Wünschen und echten Bedürfnissen nach liebevoller Aufmerksamkeit ruft.

Möge unser Buch denen ein hilfreicher Begleiter sein, die sich für das Wahre, Schöne und Gute entschieden haben. Denn es beginnt ein neues Zeitalter. Und wir brauchen einander, um uns gegenseitig dabei zu helfen, die neue Lebensqualität des Wassermanns auf individuelle Weise zu erschließen.

Viel Glück auf Ihrem Weg, möge die Sonne immer für Sie scheinen und Ihr Herz wärmen.

Walter Lübeck　　　Ingrid Horstmann

Von den Alten lernen die Jungen alles Wichtige fürs Leben – so war es früher. Heute wird an jedem Tag viel Neues ersonnen und Altes verworfen. Immer öfter ist nur der anpassungsfähige Geist der Jugend in der Lage, mit dem neuen Chaos der Informationsgesellschaft zurechtzukommen. Allzu leicht gerät dabei in Vergessenheit, daß die Dinge, die Menschen wirklich und nachhaltig glücklich oder unglücklich machen, dieselben sind wie früher, wenn auch die Äußerlichkeiten der Wege sich verändern.

Lebensweisheit ist ein dauerhafter Wert. Vielleicht ist es an der Zeit, eine neue Art für den Umgang der Generationen miteinander zu finden – und den flexiblen Geist des Kindes mit den in Jahren gereiften Erkenntnissen der Älteren zu verbinden.

Dein nächstes Gespräch mit einem Menschen, dessen Alter sich wesentlich von Deinem unterscheidet, kann der erste Schritt auf diesem neuen Weg sein. Versuche, seine Andersartigkeit als wichtige Ergänzung Deiner Lebensperspektive zu begreifen und gib ihm etwas von Dir mit auf den Weg – wenn er es haben will.

Geschickt lenkt der Fahrer des Ochsengespanns die starken Tiere. Ohne seine Kunst würde ihre gewaltige Kraft den Wagen nicht zum Ziel bringen. Wie wichtig er doch ist! Was würde er aber ohne die Geduld, Hingabe und Stärke der Ochsen sein, ohne ihr Mitleid, aus dem heraus sie den schwachen Menschen bei ihren verwirrenden Bemühungen zur Seite stehen?

In unserer westlichen Welt haben wir es bestens verstanden, uns von Arbeitstieren unabhängig zu machen. Wir haben Wissenschaft und Technik. Doch letztlich entstammen alle Rohstoffe der Natur. Wir können sie nur weiterverarbeiten. Das unglaublich komplizierte Netzwerk des Lebens auf unserem Planeten trägt uns geduldig seit langer, langer Zeit – obwohl wir es kaum zu schätzen wissen. Sogenannte Primitive gehen anders damit um: Sie sehen die Gaben von Mutter Erde als große Geschenke, für die sie sich respektvoll bedanken.

Ein Tischgebet könnte der Anfang einer neuen Haltung gegenüber dem »Rest des Lebens« sein. Was es nützt? Nun, mir schmeckt das Essen wesentlich besser, wenn ich mir seinen Wert bewußt gemacht habe.

Wer niemals fällt, wird nie die Kraft und Weisheit der Erde fühlen, nie im Rausch der puren Lebendigkeit durch die Lüfte tanzen – und sei es nur für wenige ekstatische Sekunden, geschaffen von vollkommener Freiheit.
Wer niemals die Kontrolle aufgibt, verpaßt die Chance zu erleben, wie gut es tut, aufgefangen zu werden vom Rest des Lebens.
Wer immer auf Sicherheit besteht, dem ist die Angst ein sicherer Begleiter. Und wenn ihn das Schicksal gegen alles vergebliche Sträuben doch noch in die Leere schubst, wird sein von Panik vernebelter Geist die Geschenke nicht mehr wahrnehmen. Er wird das Sicherheitsnetz verpassen.
Schade drum.

Das Streben des Menschen zu Höherem, zu der Wiedervereinigung mit der Quelle, aus der seine Seele einst in die stoffliche Hülle hier auf Erden floß, findet seinen Ausdruck in den heiligen Orten. Von Zeit zu Zeit tut es gut, an solchen Stätten zu verweilen und sich ihrem Einfluß hinzugeben. Die Dinge werden dadurch wieder auf ihre natürliche Größe gebracht. Wirklich nicht alles, um das wir uns alltäglich sorgen, wonach wir verbissen streben, worum wir andere beneiden und was wir in durchwachten Nächten fürchten, ist tatsächlich so wichtig, wie es uns erscheint. An einem heiligen Ort wird diese Erkenntnis leichter an die Oberfläche des Bewußtseins steigen und dem Herzen seinen Frieden schenken.

In südlichen Ländern sind sie überall zu sehen: Menschen, die während der langen Siesta und an Abenden, die vom Zirpen der Grillen erfüllt sind, gemütlich an der Straße sitzen und sich die Welt und die Menschen anschauen. Zufriedenheit wächst in solchen kostbaren Stunden, die wir allzu leicht für das Starren auf den Fernsehschirm aufgeben. Dem echten Leben zuzuschauen und die Ruhe zu genießen, läßt neue Kräfte wachsen und das Gemüt zur Ruhe kommen. Ausprobieren kostet auch keine Gebühren, es gibt keine Werbepausen und wenn etwas Interessantes passiert, können wir jederzeit vom Zuschauer zum Akteur werden.

Das Wasser eines Brunnens stammt aus den Tiefen der Erde.
Tatsächlich? Wo war es denn vorher?
Es fiel als Regen vom Himmel und versickerte im Boden. Und davor bildete es eine Wolke, die aus dem Wasserdampf bestand, der vom Boden aufstieg.
Wasser befindet sich in einem immerwährenden Kreislauf. Solange es zirkuliert, sich verändert, bleibt es frisch und lebenspendend. Nur wenn es eingesperrt ist in einem einzigen Zustand, sich nicht mehr verändern darf, keine Reisen unternehmen und nichts Neues mehr kennenlernen, dann stirbt es langsam. Es beginnt zu stocken, zu faulen, wird stinkend und brütet Krankheiten aus.
Gilt dieses Naturgesetz nur für das Wasser? Oder gilt es ebenso für uns? Immerhin besteht auch der Mensch zu mehr als drei Vierteln aus diesem Stoff.

此の水は飲めません

Abwarten und Dir etwas Neues, Fremdes erst einmal aus sicherer Distanz anzuschauen, bevor Du Dich näher einläßt, hat Dir schon zahlreiche Enttäuschungen und Risiken erspart. Genauso wichtig ist es allerdings, nicht immer verzagt in dem vertrauten, sicheren Bereich der eigenen vier Wände und im Kreise von bekannten Menschen zu verharren. Denn das Vertraute bietet wenig echte Lernanreize, läßt Scheuklappen und unnötige Ängste wachsen. Wer sich nach gründlicher Begutachtung der Lage hervorwagt, wird wichtige neue Erfahrungen sammeln und erleben, wie aus Fremden Freunde werden. Und er wird feststellen, daß wesentlich mehr Talente in ihm schlummern, als er jemals glauben wollte.

Die Wohnstätte eines Menschen sollte zu ihm passen, im Außen und Innen seinen Geist, sein Gemüt, seine einzigartige Individualität widerspiegeln. So käme er nicht nur nach seinem Tagwerk, seinen Reisen nach Hause, sondern auch wieder zu sich. Er würde durch sein vertrautes Heim an das erinnert, was er ist, was ihm wirklich etwas bedeutet, wo seine besonderen Talente und Kraftquellen sind. Auf diese Weise aufgeladen durch die Vereinigung mit sich selbst, kann die Begegnung mit den anderen intensiver erlebt werden. Denn wer sich selbst nahe ist, kann sich auch in der Nähe von anderen sicher fühlen und mit vollem Bewußtsein auf deren Besonderheit schauen.

In unserer Zeit der Großserien, der 1000-fach reproduzierten Gebrauchskunst, ist die individuelle Art zu leben sicher kein einfaches Vorhaben. Sobald die große Herausforderung angenommen wird, um beispielsweise mit eigenen Bildern oder mit auf Flohmärkten zusammengesuchten Dingen die Tristesse der Konsumartikel individuell abzuwandeln, kommt erneut die persönliche Eigenart zu Vorschein. Sogar auf einem höheren Niveau. Denn wer in einem ungünstigen Umfeld eine Idee verwirklicht, wird dabei immer Wichtiges lernen.

Gott ist groß. Vielleicht ist er rund um die Erde mit dieser Eigenschaft belegt, damit wir Menschen überhaupt auf seine Ratschläge achten. Wäre er nur einer von uns, einer, der einfach versucht, seinen Weg zu gehen, dabei möglichst wenig ins Straucheln zu geraten und bedürftigen Mitmenschen mit – durchaus unvollkommenem – Rat und begrenzter Tatkraft zu helfen, wahrscheinlich wäre seine Stimme längst verhallt.
Gott ist groß. Aber er greift nicht direkt ein. Wenn er helfen will, wählt er den Weg, Mitmenschen zum Reden und Handeln in seinem Sinne zu inspirieren. Ist es dann nicht ratsam, anstatt den Kopf in den Nacken zu legen und im endlosen Himmel Gottes Größe und Weisheit zu suchen, den Menschen um mich herum aufmerksamer zuzuhören und ihre Unterstützung anzunehmen?

Jede Kultur hat ihre Plätze, an denen Schutz vor der Einsamkeit gesucht und manchmal auch gefunden wird. Meist jedoch fehlt heute einfach die Großfamilie und die enge Beziehung zu Nachbarn, gerade in den Städten.

Eine Hütte, oder hierzulande ein Bushäuschen, laden ein, etwa bei Regen Schutz zu suchen. Aus diesem gemeinsamen Anliegen ist schon manch gutes Gespräch entstanden. Schade, daß es nicht immer so einfach ist, Kontakt zu finden.

In anderen Ländern werden Begegnungen zwangloser gehandhabt. Im Laufe eines Abends bleibt selten jemand in einem englischen Pub oder einem portugiesischen Restaurant allein. Vielleicht ist es ja die kleine Mühe wert, des öfteren »wildfremde« Menschen anzusprechen, und, auch wenn keine gemeinsame Not vorhanden ist, einen Gedanken mit ihnen zu teilen.

ပျိုးခင်းနည်းပြ
၁၀၁ တန်း
C.E.
A.E.
<၁.၁၂.၉၆>

Angenommen, ich wäre wieder fünf Jahre alt. Was würde ich dann jetzt am liebsten tun?

Beantworte die Frage ehrlich und handle entsprechend. Erwecke das Potential der Kindheit in Dir zu neuem Leben. Beobachte einmal kleine Kinder in ihrer unschuldigen Vollkommenheit. Ihre Begeisterung kommt von Herzen und ihre körperliche Ausdauer ist für uns nur schwer nachzuvollziehen. Lernfähigkeit und unbändige Kreativität sind ihr grenzenloser Reichtum.

Erinnern wir uns.

Was also würdest Du tun, wenn Du jetzt fünf Jahre alt wärst?

Eine bessere Verjüngungskur gibt es nicht.

Auf würdevolle Weise aufmerksam machen, das ist die Funktion der Glocke. Sie richtet die Aufmerksamkeit auf außergewöhnliche Anlässe: Geburten, Hochzeiten, Beerdigungen und die besonderen Stunden, in denen Menschen gemeinsam die Nähe der Schöpferkraft in Gebet, Musik und Ritual suchen. Der Klang der Glocke läßt Menschen aufhorchen, schärft ihre Sinne für etwas wirklich Wichtiges. In manchen Religionen werden Glocken geläutet, obwohl es keinen speziellen Anlaß gibt. Sie werden geläutet, um die Menschen hinzuweisen auf die Würde, das Besondere, das Große, das verborgen ist im täglichen Kleinkram, in den allzu vertrauten Routinen, die leicht das Gemüt abstumpfen. Denn wer den Bezug zur Würde, zur Besonderheit seines Alltags verliert, verliert den Bezug zu der eigenen Würde und der eigenen Besonderheit.

Wäre es nicht gerade jetzt an der Zeit, die Glocke für Dich klingen zu lassen, damit die Einzigartigkeit und Schönheit dieses Moments Dir nicht entgeht?

Die Art, wie ein Haus gebaut wird, hängt ab von der Landschaft, in der es stehen und von der Funktion, die es erfüllen soll. Es ist wichtig, sich den Gegebenheiten anzupassen, in denen man sich für längere Zeit einrichten möchte. Nur so kann Geborgenheit und Wohlstand geschaffen und erhalten werden. Dies bedeutet natürlich auch, Dinge loszulassen, die in ein Lebensumfeld, das als neue Heimat gewählt worden ist, nicht hineinpassen – damit die Hand frei wird für das neue Gute. Wohnst Du in München, lebe wie die Münchner, wenn Du glücklich werden möchtest. Wohnst Du in einem kleinen Dorf an der See, lebe auch dort entsprechend. Denn Fremdkörper werden in jedem Organismus isoliert.

Und keine Angst: Das Individuelle der Persönlichkeit läßt sich auf viele Weisen ausdrücken.

Die Schulzeit dient der Vorbereitung auf den eigenen Weg, den jeder Erwachsene gehen muß. Zusammen mit anderen entdecken wir die großen Lehrgebäude der Wissenschaft, orientieren uns an Vorbildern, den großen Geistern der Menschheit, und versuchen mühsam, ihre Gedanken, Empfindungen und Erkenntnisse nachzuvollziehen. So wichtig diese Lehrjahre sind, so sehr können sie andererseits dazu führen, daß wir unsere eigene Größe weniger wahrnehmen und den Schatten der Großen nicht mehr zu verlassen wagen. Irgendwann ist für jeden Menschen die Entscheidung zu treffen, ob er weiterhin andere zitieren will, die sich selbst verwirklicht haben. Oder ob nun der Zeitpunkt gekommen ist, selbst ins Licht zu treten, und ein Original zu werden, das es in späteren Jahren wert ist, von Schülern der Lebenskunst zitiert und als Fundament für ihren Weg gebraucht zu werden.

Aus der Finsternis heraustreten in die lichtdurchflutete Landschaft des Lebens. Vertrautes Leid muß aufgegeben werden. Freundschaften, die aus den Fesselstricken gemeinsamer Klagen gewoben sind, werden vergehen, wenn Du hinaus in die Freiheit schreitest.
Doch wer weiß, ob Dich im Paradies jemand will. Vielleicht stört dort die gelegentliche Erinnerung an vergangenes Leid das fröhliche Tanzen im Sonnenschein.
Alles, was Du dort draußen erblickst, alles, was dort grünt und blüht und lebt war einmal wie Du – und hat sich dann doch voll zitternder Hoffnung für das Unbekannte entschieden.
Was wirst Du tun?

Miteinander teilen wir den Platz in so manchem Boot, das uns durch den Lebensstrom trägt. Das Familienboot, das Boot der Unternehmung, in der wir unseren Lebensunterhalt verdienen, das Boot eines Vereins, in dem wir unserem Hobby nachgehen, sogar das große Schiff des Staates, in dem jeder von uns lebt. Zuweilen vergessen wir das, was uns gemeinsam trägt und rangeln ohne Rücksicht auf Verluste um bessere Plätze. Mitunter wollen wir das Fahrzeug ganz allein für uns haben, oder einfach nur ans Ruder. Selbst ein stabiles Boot kann schnell kentern, wenn alle Passagiere zu einer Seite rennen und dort um die Plätze kämpfen. Und wenn alle steuern und sich ausruhen, aber keiner rudern will, kommt auch niemand ans Ziel.
Manchmal hilft es, dieses Problem direkt anzusprechen und zu den eigenen Ängsten zu stehen, die die Lösung behindern. So können wir Offenheit für ein sinnvolles Miteinander schaffen.

Das Universum bietet allen Wesen einen passenden Platz zu ihrer Entfaltung. Hingabe hilft, die Güte und das Glück dieses großartigen Geschenkes anzunehmen. Es ist nicht leicht, unter den vielen Einflüssen der Umwelt, die so oft alles besser weiß, den ureigenen Lebensstil zu verstehen, zu bewahren und zu entwickeln. Doch es ist möglich, wenn immer wieder der Gedanke in das Bewußtsein geholt wird, daß Gott sich etwas Besonderes mit einem jeden Menschen vorgestellt hat – und daß es an jedem Einzelnen liegt, seine Lichter und seine Schatten zu einer harmonischen Lebenskomposition zu verbinden.

Wie oft schon bauten Herrscher großer Reiche oder Hohepriester von Kirchen mit Millionen Anhängern prunkvolle Gebäude für die Ewigkeit und bürdeten damit sich und vielen Menschen unsägliche Lasten auf. Manche Bauwerke überdauern ein paar Jahre, andere Jahrhunderte, wenige Jahrtausende. Doch irgendwann führt die unendliche Kraft der Zeit sie zurück in Sand und Staub, aus denen sie einst entstanden.

Es sind nicht nur die Großen dieser Welt, die in überwältigenden Dimensionen planen. Wer kennt nicht die Eltern, die ein Unternehmen, ein Haus für ihre Nachkommen bauen – und die Kinder empfinden diese Dinge dann als Ballast, weil sie lieber einen eigenen Weg gehen möchten. Wären wir nicht besser beraten, mit unseren Plänen im Hier und Jetzt zu bleiben? Viel Schaffenskraft würde dann in freudvollere Projekte fließen und eine Menge Streit und unnötige Mühe könnten vermieden werden.

Die große Kraft des Alters besteht im sorgfältigen Abwägen aufgrund vieler beeindruckender Erfahrungen, enttäuschter Hoffnungen, überraschender Gewinne und heimlich genossenen Glücks.
Die große Schwäche des Alters ist das zynische Abwägen, das resignierte, hoffnungslose Denken aufgrund von zwar erlebten, doch vom Herzen her unverstandenen Erfahrungen.
Die wahre Größe des Lebens hat alles so wunderbar unvollkommen geschaffen, damit wir über die stets erfahrbaren Schwächen die Kraft der Liebe in unserem Herzen wachsen lassen. Wenn wir dies verstehen, wird das Leben im Alter kristallklar und wertvoll im Lichte eines goldenen Herbstes sein.

Manche Menschen erscheinen sehr verschlossen, oder sogar mürrisch und abweisend. Wer dieses Verhalten gleich persönlich nimmt und wegen der erlittenen Zurückweisung schmollt, hat im Grunde nur die Möglichkeit, sich ebenfalls zurückzuziehen. Damit ist niemandem geholfen, ein Miteinander findet nicht statt. Sinnvoller ist es, sich klarzumachen, daß es in jeder Burgmauer Tore gibt – Du mußt sie nur suchen, denn bisweilen sind sie recht klein. Doch ist der Zugang erst einmal gefunden, zeigt sich dahinter oft ein sensibles, ängstliches, in der Vergangenheit verletztes Wesen, daß glücklich ist, endlich angenommen zu werden. Nicht selten entstehen dann tiefe Freundschaften.

Vielleicht gibt es heute noch eine Gelegenheit für Dich, auf die mürrische Miene eines Mitmenschen statt mit eigenem Groll mit einem freundlichen Lächeln oder einer einfühlsamen Frage zu reagieren. Und damit den ersten Schritt auf der Suche nach dem Tor in die Welt des anderen zu wagen.

Poesie ist die Mutter der Lebensqualität. Nicht jeder Tag kann eine Anhäufung höchst eindrucksvoller und bedeutender Ereignisse sein – es sei denn, der Dichter in Dir erwacht und verleiht mit seiner Sensibilität der alltäglichen Routine Wert und Ansehen. Dann gibt es in jeder noch so kleinen Alltäglichkeit einen Funken edler Gesinnung, hoher Bedeutung. Es ist nicht schwer, dieser Facette Deines Wesens mehr Raum zu geben. Schau aus dem Fenster hinaus und beginne eine Geschichte mit farbenfrohen Bildern zu erzählen, in denen all die Personen und Gegenstände vorkommen, die Dich täglich umgeben. Und erzähle so, als ob es etwas ganz außergewöhnliches wäre – dann werden Deine Sinne sich der Poesie des Alltags öffnen.
Und es wird für Dich keinen Alltag mehr geben!